AF245968

OBSERVATIONS

EN FAVEUR DES ACQUÉREURS

DE BIENS D'ÉMIGRÉS,

ET EN FAVEUR DES ÉMIGRÊS EUX-MÊMES,

CI-DEVANT PROPRIÉTAIRES DE CES BIENS.

PAR M. BAROUD,

ANCIEN AVOCAT EN PARLEMENT ET AUX COURS DE LYON.

A PARIS,

CHEZ L. G. MICHAUD, IMPRIMEUR DU ROI,

RUE DES BONS-ENFANTS, N°. 34.

M. DCCC. XIV.

OBSERVATIONS

En faveur des Acquéreurs de Biens d'Émigrés, et en faveur des Émigrés eux-mêmes, ci-devant Propriétaires de ces Biens.

La charte constitutionnelle, en déclarant, article 9, *toutes les propriétés inviolables*, a assimilé les acquéreurs de *biens nationaux* à tous les autres propriétaires ; et elle n'a même fait aucune distinction entre les biens nationaux provenant des corporations ecclésiastiques ou autres, et ceux provenant du patrimoine des Français émigrés : la paix publique et la raison d'état n'ont pas permis d'exception.

Mais la loi suprême qui a décidé sans retour, comme question politique, cette question de propriété, n'a pas interdit à la puissance législative la faculté d'examiner, dans l'intérêt des acquéreurs, comme dans celui des anciens possesseurs, s'il ne convenait pas à l'état de pourvoir à l'indemnité des émigrés dépossédés ; et si la nation française, après être intervenue par sa puissance pour sanctionner des aliénations faites en son nom, ne devait pas encore interposer sa générosité et sa justice pour réconcilier les anciens et les nouveaux propriétaires, et donner à ceux-ci un nouveau gage de sécurité dans la satisfaction qu'elle accorderait aux autres.

Ce sujet de délibération secondaire rentre lui-même dans les grandes considérations d'ordre public et de paix intérieure : on n'a garde ici de mettre en doute la soumission absolue de tous les Français à l'empire d'une charte donnée et acceptée pour leur bonheur ; mais on peut néanmoins distinguer entre cette obéissance du devoir, purement passive dans ses sacrifices, et cet assentiment intérieur qui, mieux que l'autorité elle-même, assure le pouvoir des lois ; or, dans l'état actuel des choses, on ne saurait attendre un pareil assentiment, ni de la part des émigrés ou de leurs héritiers, ni de la part des acquéreurs de leurs biens eux-mêmes.

Il est bien vrai que l'acquéreur ou le détenteur d'une propriété confisquée pour fait d'émigration, cultivera, sans crainte d'éviction, l'héritage dont la puissance publique lui a garanti la possession ; mais sa pensée se reportera souvent vers les droits, les besoins et le malheur de ceux qui, dans l'ordre naturel, devraient posséder encore ; sa tranquillité légale ne sera pas troublée, mais son cœur souffrira ; sa jouissance sera imparfaite ; et même au milieu d'abondantes récoltes, il sentira que des champs moins féconds, mais qu'il tiendrait de leur véritable maître, conviendraient mieux à son bonheur.

Vainement aussi la loi imposera respect et silence à l'ancien possesseur ; blessé par ses souvenirs, et tourmenté par sa situation présente, il jettera toujours des regards de tristesse sur un patrimoine qu'il n'a pas mérité de perdre ; il aura peine à comprendre qu'on ait pu en disposer sans son aveu, et qu'en rentrant dans sa patrie, il doive rester encore exilé de ses propres foyers et de l'héritage de ses pères.

Ce mécontentement réciproque des an-

ciens et des nouveaux possesseurs, triom-
phéra du temps et de la mort même ; de part
et d'autre, on verra les générations se suc-
céder et s'éteindre ; mais le monument de la
confiscation subsistera et perpétuera, de
race en race, les regrets de la famille expro-
priée, et l'inquiétude des détenteurs qui au-
ront pris sa place.

En multipliant ce sujet de peine par le
grand nombre de parties intéressées répan-
dues sur le sol de la France entière, on
trouve là une source éternelle de dissenti-
ments et d'inimitiés qui ne tarderaient pas à
dégénérer en troubles civils, si jamais les
liens de l'autorité venaient à se relâcher ; et
ce danger à part, l'opinion publique, de
toutes les puissances la plus indomptable,
continuera d'imprimer aux domaines con-
fiqués sur les émigrés, le sceau flétrissant de
leur origine, et de les placer en rang infé-
rieur dans le commerce général des propriétés.

Combien donc ne serait-il pas heureux
que l'état des finances permît d'extirper, à
sa naissance, ce principe de haines sociales,
et que la patrie elle-même, faisant les frais

du sacrifice, pût réunir, par les liens d'une reconnaissance commune, les seuls de ses enfants entre lesquels il subsiste encore une cause plausible de mésintelligence et de discorde !

Et ce n'est point une vaine espérance, un vœu indiscret qu'on exprime ici : l'œuvre de réconciliation qu'on propose peut s'accomplir sans de trop grands efforts ; et la mesure des indemnités à accorder n'excède pas les bornes que l'intérêt et le soin de la fortune publique peuvent prescrire à la munificence de l'état.

Notions générales sur la valeur des biens confisqués et vendus pour cause d'émigration.

Si on jugeait de la consistance et de la valeur des biens vendus sur les émigrés par le nombre des individus inscrits comme tels dans tous les départements, peut être aurait-on raison de redouter l'obligation de rendre indemnes tous ceux que la loi de la confiscation a pu atteindre ; mais ce n'est pas sous cet aspect qu'il faut envisager la masse des biens qui ont été réellement vendus, et pour lesquels il y aurait lieu à indemnité.

Les causes suivantes ont considérablement réduit la matière des confiscations :

1º. Dans les premières années qui ont suivi la promulgation des lois rendues contre les émigrés, il s'est présenté peu d'acquéreurs pour acheter leurs biens, et tant qu'il y a eu d'autres biens nationaux à vendre, on les a préférés ; en sorte que, dès 1795 et 1796, beaucoup de Français momentanément expatriés ont reparu et ont repris possession de leurs propriétés.

2º. La plupart des maisons, hôtels et autres édifices que les émigrés possédaient à Paris et dans les grandes villes, ont été employés à former le siége des administrations et des établissements publics ; on ne les a pas vendus ; et aujourd'hui on les restitue en nature à leurs propriétaires.

3º. Les bois d'une certaine étendue faisant partie des biens ruraux confisqués, ont été également conservés, et se restituent en nature.

4º. Les terres et seigneuries, qui faisaient la meilleure partie de la fortune des émigrés, comprenaient beaucoup de droits et revenus féodaux ; et la suppression de ces droits, indépendante de la confiscation, avait opéré déjà une forte diminution dans la valeur de cette nature de biens.

5°. Les biens confisqués étaient aussi, pour la plupart, grevés de charges et d'hypothèques ; les créanciers des émigrés sont devenus créanciers de l'état, et le plus grand nombre d'entre eux a requis et obtenu sa liquidation : ainsi il faut encore déduire, sur le prix des biens, la portion représentée par les dettes dont l'état s'est chargé et dont les émigrés ont été affranchis.

Tous ces objets de retranchement réduisent à un capital beaucoup moindre qu'on ne l'imagine communément, la valeur véritable des biens libres confisqués et vendus pour cause d'émigration.

Lorsque l'assemblée constituante déclara, en 1789, que les biens du clergé étaient à la disposition de la nation, on estimait que le clergé possédait environ un sixième ou un septième des biens du royaume, et on en portait la valeur à 2 milliards 400 millions.

Assurément la fortune présumée de l'universalité des émigrés n'équivalait pas au quart du montant des biens ecclésiastiques.

La noblesse française, celle au moins qui a fourni le plus de sujets à l'émigration, (les princes de la maison de France exceptés), ne possédait qu'une très petite portion des biens du royaume ; beaucoup de militaires et de jeunes gens s'expatriaient ; mais les pères de famille, retenus par l'âge, les infirmités, et l'espérance de conserver leur héritage à leurs enfants, restèrent presque tous en France, ou y revinrent quand les proscriptions commencèrent à se ralentir, et avant que leurs biens fussent vendus.

Ce qui est resté soumis à la confiscation n'a plus formé que la moindre partie de ce qui avait été séquestré dans l'origine ; et, dans le calcul des indemnités, ce résidu se diminue encore, comme on vient de le dire, du montant des droits seigneuriaux supprimés, de l'équivalent des dettes payées par l'état, et de la portion des biens conservés en nature.

Ce serait donc forcer l'estimation des biens LIBRES, vendus pour cause d'émigration, que d'en porter la valeur à 400 millions.

Admettons qu'il y en ait pour 500 millions, pour 600 millions, si l'on veut :

Il ne faut évaluer le revenu de ces 5 ou 600 millions, qu'à l'égal du revenu ordinaire des terres et biens-fonds, charges déduites, c'est-à-dire, à raison de 3 pour 100 par an, ou du denier 33 un tiers pour 100.

A ce compte, le capital de 5 ou 600 millions représenterait un produit annuel de 15 ou 18 millions.

Ce serait donc une rente perpétuelle de 15 ou de 18 millions qui formerait l'indemnité complète de tous les émigrés dont on a vendu les biens ; et très probablement, par l'événement de la liquidation, cette indemnité serait beaucoup moindre.

Balancerait-on à racheter, moyennant une aussi faible redevance, la dette contractée, au nom de l'état, par d'injustes confiscations ? La nécessité où l'on s'est trouvé de légitimer la possession des acquéreurs, n'emporte pas celle de méconnaître la créance des propriétaires ? Les ventes ont été maintenues, parce qu'on a jugé que leur résiliation pourrait amener de grands désordres : mais en quoi la restitu-

-tion du prix de ces ventes, ou le paiement d'une indemnité équivalente, troubleraient-ils l'ordre de la société? Il n'y a point là de familles à inquiéter, point de contrats à résoudre, point de déguerpissements à provoquer; il y a seulement des créanciers à reconnaître et à satisfaire, et des créanciers d'un rang privilégié; car le versement fait au trésor du prix d'un bien ravi à son propriétaire, constitue, à la charge de l'état, une dette encore plus sacrée que celle qu'il a contractée envers un prêteur volontaire.

Mal à propos prétendrait-on que la charte constitutionnelle a prononcé, même implicitement, l'abolition de cette nature de dette: ce n'est pas la CONFISCATION, c'est la VENTE des biens d'émigrés seulement qui a été sanctionnée par la charte; la preuve en est que l'état restitue les biens confisqués et non vendus, et qu'il n'y a rien de statué, ni directement, ni indirectement, sur l'action en restitution du prix de ceux qui ont été vendus: l'art. 9 de la charte déclare, il est vrai, *inviolables* les propriétés appelées *nationales;* mais l'article 70 déclare *invio-*

lable aussi *toute espèce d'engagement pris par l'état avec ses créanciers* : la question se réduit donc, en dernière analyse, au point de savoir si celui dont l'état a vendu les biens et en a touché le prix, est *un créancier de l'état ?*

Et comme il suffit d'énoncer une semblable question pour qu'elle soit affirmativement résolue chez tous les bons esprits, par quels motifs serait-il possible, on le demande, de justifier la disgrâce des émigrés dont les biens ont été vendus, à côté de la satisfaction accordée à ceux dont les biens sont encore dans les mains de l'état ? Quelle différence peut-il y avoir entre le droit des uns sur leur chose elle - même, et le droit des autres sur le prix de ce qui leur appartenait ? Dira-t-on que la valeur des objets à rendre en nature est moindre que celle des restitutions à faire en argent ou en rentes ? D'abord, l'éclaircissement de ce point de fait exigerait un inventaire de tous les biens confisqués déjà rendus sous le directoire et sous Buonaparte, et de ceux qui restent à rendre aujourd'hui ; mais si on en est réduit à ne plus disputer que sur la quotité des indemnités comparée à celle des restitutions en nature, il faudra donc, dans la sentence qui rejettera le recours en indemnité, s'exprimer en ces termes :

« Un malheur commun avait éloigné de
» leur patrie un grand nombre de Fran-
» çais ; ils rentrent tous aujourd'hui dans
» le sein de la grande famille , et tous ont
» un droit égal à la bienveillance et à la
» justice du monarque et du pouvoir lé-
» gislatif; la disposition arbitraire qu'on a
» pu faire de leurs propriétés, pendant leur
» exil , ne peut pas leur être imputée , et il
» est bien certain que si on les a vendues
» sans leur aveu, et qu'on en ait touché le
» prix , on leur doit ce prix à défaut de la
» chose vendue ; cependant , vérification
» faite du montant des indemnités dont
» l'état se trouverait chargé par cet acte
» de justice , on a trouvé que ces indemni-
» tés seraient d'une somme bien plus forte
» que la valeur même des biens non vendus
» et à restituer en nature ; et , par cette
» raison , les émigrés rentrant en France
» seront divisés en deux classes , savoir:

» Ceux dont les biens non vendus sont

(15)

» encore dans les mains de l'état ; et ceux
» dont les biens ont été vendus.

» Les premiers seront réintégrés pure-
» ment et simplement dans leurs proprié-
» tés ;

» Mais les autres perdront irrévocable-
» ment et leurs biens et le prix qui en a
» été versé au trésor ; il en coûterait trop
» à l'état pour les rendre indemnes. »

On défie de motiver la décision autrement
que sur la raison d'économie pour l'état ;
mais, en ce cas, pourquoi n'avoir pas fait
l'économie indistinctement aux dépens de
l'une et de l'autre classe d'émigrés? C'est une
injure de plus envers ceux dont les biens
ont été vendus, et à qui on refuse une indemnité , que la prédilection accordée à
ceux dont le hasard seul a préservé les propriétés de la mise aux enchères, et aux-
quels on les restitue.

« La justice imparfaite est encore l'injus-
» tice (1), » a dit, en traitant le même
sujet, l'homme sensible qui déplorait, en
si beaux vers, les malheurs de l'émigration :

____

(1) Delille, poëme de *la Pitié.*

il n'avait rien à recouvrer pour lui-même, mais il montrait d'avance à ses compagnons d'exil les jours de consolation et de justice qui luisent enfin sur la France ; et, en attendant, il mettait sous la garde de la PITIÉ, cette divinité des bons cœurs, leurs propriétés alors livrées à d'INIQUES ENCHÈRES.

Unissons nos vœux à ceux de sa muse touchante, pour que, dans le concert de bénédictions qui environnent aujourd'hui le trône, nulle voix plaintive ne se fasse entendre ; et pour qu'à l'avenir, les yeux fixés sur un héritage confisqué et vendu pour cause d'émigration, l'ancien propriétaire puisse dire : « JE N'AI RIEN PERDU, » et le nouveau : « CECI EST BIEN A MOI. »

Paris, 20 août 1814.

Signé BAROUD.

FIN.